Eu, _____,
considero você, _____,
uma pessoa insubstituível.
Sua capacidade de lutar pela
vida é fantástica.

A vida que pulsa em você é mais
importante que todo o dinheiro
do mundo e mais bela que todas
as estrelas do céu.

Copyright © 2006 por Augusto Jorge Cury

Todos os direitos reservados. Nenhuma parte deste livro pode ser utilizada ou reproduzida sob quaisquer meios existentes sem autorização por escrito dos editores.

EDIÇÃO: Regina da Veiga Pereira
REVISÃO: Hermínia Totti, Renata Dib, Sérgio Bellinello Soares e Tereza da Rocha
PROJETO GRÁFICO, DIAGRAMAÇÃO E CAPA: Estúdio Bogotá
ILUSTRAÇÕES: Letícia Naves – Estúdio Bogotá
IMPRESSÃO E ACABAMENTO: Lis Gráfica e Editora Ltda.

CIP-BRASIL. CATALOGAÇÃO NA PUBLICAÇÃO
SINDICATO NACIONAL DOS EDITORES DE LIVROS, RJ

C988v Cury, Augusto, 1958
    Você é insubstituível/ Augusto Cury; Rio de Janeiro: Sextante, 2018.
    128p.; il.; 12 x 18cm.

    ISBN 978-85-431-0613-7
    1. Autoestima. 2. Técnicas de autoajuda. I. Título.

18-47416   CDD: 458.1
              CDU: 159.947

Todos os direitos reservados, no Brasil, por
GMT Editores Ltda.
Rua Voluntários da Pátria, 45 – Gr. 1.404 – Botafogo
22270-000 – Rio de Janeiro – RJ
Tel.: (21) 2538-4100 – Fax: (21) 2286-9244
E-mail: atendimento@sextante.com.br
www.sextante.com.br

Augusto Cury

Você é insubstituível

Este livro revela
a sua biografia.

Prefácio

Este livro fala do amor pela vida que habita em cada ser humano. Ele conta a sua biografia.

Se até hoje sua história nunca foi contada em um livro, agora ela será, pelo menos em parte. Você descobrirá alguns fatos relevantes que o tornaram um dos maiores vencedores do mundo, dos mais corajosos dos seres, dos que mais cometeram loucuras de amor para poder estar vivo.

Talvez você não saiba, mas você foi profundamente "apaixonado" pela vida desde que o relógio do tempo começou a registrar as fagulhas de sua existência. Não é tão simples viver a vida. Às vezes, ela contém capítulos imprevisíveis e inevitáveis. Mas é possível escrever os principais textos de nossa vida nos momentos mais difíceis de nossa existência.

Augusto Cury

Todo ser humano passa por turbulências na vida. A alguns falta o pão na mesa; a outros, a alegria na alma. Uns lutam para sobreviver. Outros são ricos e abastados, mas mendigam o pão da tranquilidade e da felicidade.

Que pão falta em sua vida?

Quando o homem explorar
intensamente o pequeno átomo e o
imenso espaço e disser que domina
o mundo, quando conquistar as mais
complexas tecnologias e disser que
sabe tudo, então terá tempo para
se voltar para dentro de si. Nesse
momento descobrirá que cometeu
um grande erro. Qual?

Compreenderá que dominou o mundo de fora, mas não dominou o mundo de dentro, os imensos territórios da alma. Descobrirá que se tornou um gigante na ciência, mas que é um menino frágil que não sabe navegar nas águas da emoção e que desconhece os segredos que tecem a colcha de retalhos da sua inteligência.

Quando isso ocorrer, algo novo acontecerá. Ele encontrará pela segunda vez a sua maior invenção: a roda. A roda? Sim, só que dessa vez será a roda da emoção. Encontrando-a, ele percorrerá territórios pouco explorados e, por fim, encontrará o que sempre procurou:

o amor, o amor pela vida e pelo Autor da vida.

Ao aprender a amar, o homem
derramará lágrimas não de tristeza,
mas de alegria. Chorará não pelas
guerras nem pelas injustiças, mas
porque compreendeu que procurou
a felicidade em todo o universo
e não a encontrou. Perceberá que
Deus a escondeu no único lugar em
que ele não pensou em procurá-la:
dentro de si mesmo.

Nesse dia, sua vida se encherá
de significado e uma revolução
silenciosa ocorrerá no âmago do
seu espírito: a soberba dará lugar
à simplicidade, o julgamento dará
lugar ao respeito, a discriminação
dará lugar à solidariedade, a
insensatez dará lugar à sabedoria.
Mas esse tempo ainda está distante.
Por quê?

Porque nem sequer descobrimos que a pior miséria humana se encontra no solo da emoção.

O homem sonha em viver dias felizes, mas não sabe conquistar a felicidade. Os poderosos tentaram dominá-la. Cercaram-na com exércitos, encurralaram-na com armas, pressionaram-na com suas vitórias. Mas a felicidade os deixou atônitos, pois o poder nunca conseguiu controlá-la.

Os magnatas tentaram comprá-la.
Construíram impérios, juntaram
fortunas, compraram joias. Mas
a felicidade os deixou perplexos,
pois ela jamais se deixou vender,
e lhes disse: "O sentido da vida
se encontra num mercado onde
não se usa dinheiro!" Por isso há
miseráveis que moram em palácios e
ricos que moram em casebres.

Os cientistas tentaram entender a felicidade.

Pesquisaram-na, fizeram estatísticas, mas ela os confundiu, dizendo: "A lógica numérica jamais compreenderá a lógica da emoção!" Perturbados, descobriram que o mundo da emoção é indecifrável pelo mundo das ideias. Por isso, os cientistas que viveram uma vida exclusivamente lógica e rígida foram infelizes.

Os intelectuais buscaram a felicidade nos livros de filosofia, mas não a encontraram. Por quê? Porque há mais mistérios entre a emoção e a razão do que jamais sonhou a mente dos filósofos. Por isso, os pensadores que amaram o mundo das ideias e desprezaram o mundo da emoção perderam o encanto pela vida.

Os famosos tentaram seduzir a felicidade. Ofereceram em troca dela os aplausos, os autógrafos, o assédio da TV. Mas ela os golpeou, dizendo: "Escondo-me no cerne das coisas simples!" Rejeitando o seu recado, muitos não trabalharam bem a fama. Perderam a singeleza da vida, se angustiaram e viveram a pior solidão: sentir-se só no meio da multidão.

Os jovens gritaram: "O prazer
de viver nos pertence!" Fizeram
festas e promoveram shows,
alguns se drogaram e outros
apreciaram viver perigosamente.
Mas a felicidade chocou-os com
seu discurso: "Eu não me encontro
no prazer imediato nem me revelo
aos que desprezam seu futuro e as
consequências dos seus atos!"

Algumas pessoas acreditaram que poderiam cultivar a felicidade em laboratório. Isolaram-se do mundo, baniram as pessoas complicadas de sua história e as dificuldades de sua vida. Gritaram: "Estamos livres de problemas!" Mas a felicidade sumiu e lhes deixou um bilhete:

"Eu aprecio o 'cheiro' de gente e cresço em meio aos transtornos da vida."

21

Por que muitos falharam em conquistar a felicidade? Porque quiseram o perfume das flores, mas não quiseram sujar as mãos para cultivá-las; porque quiseram um lugar no pódio, mas desprezaram a labuta dos treinos. Precisamos aprender a navegar nas águas da emoção se quisermos ter qualidade de vida no mundo estressante em que vivemos.

O mundo da emoção não
aceita atos heroicos tais como:
"de hoje em diante acordarei
bem-humorado", "daqui para a
frente serei uma pessoa calma",
"de agora em diante serei uma
pessoa feliz, com alto-astral
e cheia de autoestima".
Grande engano! No calor da
segunda-feira todas essas
intenções se evaporam...

No mundo da emoção, as palavras-chave são "treinamento" e "educação". Você precisa treinar sua emoção para ser feliz. Você precisa educá-la para superar as perdas e as frustrações. Caso contrário, sua emoção nunca será estável nem capaz de contemplar o belo nos pequenos eventos da rotina diária.

Você contempla o belo?

Pisou na Terra um excelente mestre da emoção.

Ele conseguia erguer os olhos e enxergar o belo num ambiente de pedras e areia. No auge da fama e sob intensa perseguição, ele fazia pausas e dizia: "Olhai os lírios do campo." Somente alguém plenamente feliz e em paz é capaz de gerenciar seus pensamentos e fazer de uma pequena flor um espetáculo aos seus olhos.

Entretanto, muitos não conseguem ter prazer de viver. Estão desanimados e ansiosos. Por isso dizem: "A felicidade não existe. Ela é um sonho de homens que não acordam." Eles se sentem sem forças para superar seus pensamentos negativos e para vencer as batalhas do dia a dia. Alguns, apesar de não terem problemas exteriores, também perderam o sentido da vida.

A vida é belíssima, mas não é tão
simples vivê-la. Às vezes, ela se
parece com um imenso jardim.
De repente, a paisagem muda e ela
se apresenta árida como um deserto
ou íngreme como as montanhas.
Independentemente dos penhascos
que temos de escalar, cada ser
humano possui uma força incrível.
E muitos desconhecem que
a possuem.

Para provar isso, vou contar uma história real e impressionante de alguém que possui uma capacidade descomunal de lutar pela vida e que um dia foi o maior vencedor da Terra, o mais corajoso dos seres. Sabe quem? Você! Duvida? Deixe-me contar alguns fatos relevantes da sua biografia que talvez você desconheça!

Um dia você foi inscrito para participar do maior concurso do mundo, da maior corrida de todos os tempos. Acredite, você estava lá! Eram mais de quarenta milhões de concorrentes. Pense nesse número. Todos tinham potencial para vencer e só um venceria.

Será que você era mais um número na multidão ou tinha algo especial?

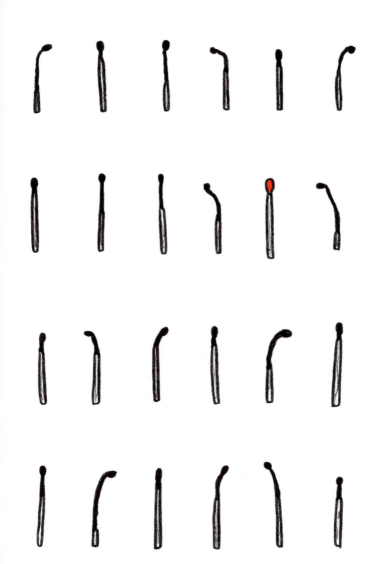

Analise quais seriam as suas chances. Zero, zero, zero, zero, zero, zero, zero, zero, zero, quatro (0,000000004). Você nunca foi tão próximo de zero. Suas chances eram quase inexistentes. Tinha tudo para ser mais um derrotado, tinha todos os motivos para ser um grande perdedor. Qualquer um acharia loucura participar dessa corrida. Mas você participou e ainda achava que iria vencer.

Talvez fosse melhor desistir e se
conformar com a derrota. Mas
você era o ser mais teimoso do
mundo, sua garra era incrível.
Por isso jamais admitiu recuar.
A palavra desistir não fazia parte
do seu dicionário genético. Por quê?
Porque, se perdesse essa corrida,
perderia o maior prêmio da história.
Qual?

A vida.

Que disputa era essa? A disputa do espermatozoide para fecundar o óvulo. A corrida pelo direito de formar uma vida. Talvez você nunca tenha imaginado, mas já participou da mais excitante e perigosa aventura da existência. Seria mil vezes mais fácil vencer as eleições para presidente de seu país. É incrível, mas você venceu! Como conseguiu?

Seria também mais fácil ganhar dezenas de prêmios de melhor ator ou atriz. Você foi surpreendente! Sinto-me honrado em tê-lo como leitor. Mas cada ser humano não foi um vencedor? Sim! Entretanto, esta é a *sua* biografia. Somente alguém com uma força descomunal como a sua poderia vencer uma corrida com milhões de concorrentes pisoteando-o, pressionando-o, ultrapassando-o.

Contudo, os tempos mudaram. Se alguém pisa no seu pé, você perde a paciência. Se alguém o pressiona ou o critica, você se estressa e se desespera. E se alguns concorrentes estão à sua frente, você desanima e tem insônia. Volte a suas origens! Naquela época, nada o abalava. O que o controlava era o sonho de estar vivo, não os seus problemas ou seus concorrentes.

Você foi um grande sonhador.
Sonhou sem ter capacidade
de sonhar. Sonhou, através do
seu programa genético, com o
espetáculo da vida. O que você
pensou na grande corrida? Nada!
Você ainda não pensava. O passo
mais importante da vida foi dado na
ausência das ideias. Você agiu antes
de pensar. Entretanto, hoje você deve
pensar antes de agir. Quem reage
sem pensar atira sem pontaria.

Sem sonhos, a vida não tem brilho. Sem metas, os sonhos não têm alicerces. Sem prioridades, os sonhos não se tornam reais. Sonhe, trace metas, estabeleça prioridades e corra riscos para executar seus sonhos. Melhor é errar por tentar do que errar por se omitir! Não tenha medo dos tropeços da jornada.

Não se esqueça de que você, ainda que incompleto, foi o maior aventureiro da história.

Vamos analisar suas façanhas para conquistar o pódio da vida para que você fique plenamente consciente das batalhas que superou. Você sabia que foi o maior alpinista do planeta? Não? Vou contar a história sintética de dois grandes alpinistas que conquistaram o topo do mundo para mostrar-lhe que você foi o mais corajoso alpinista de todos os tempos.

Na primavera de 1953 ocorreu um feito notável. Uma expedição internacional chegou ao Nepal com a grandiosa ambição de escalar o topo do mundo, o Everest. Eram cerca de 8.850 metros de altura. Uma façanha enorme! Um desafio dramático. A brancura do gelo vestia as montanhas e produzia medo e excitação no solo da emoção.

Muitos já haviam tentado. Alguns desistiram no meio do caminho, outros simplesmente morreram. Morreram congelados, soterrados pelas avalanches de gelo, por asfixia, por causa do ar rarefeito, ou pelo mal das montanhas, caracterizado por tontura, falta de ar, dor de cabeça, hemorragia nasal e até perda da consciência.

Dois homens simples, sem fama, mas extremamente ousados, faziam parte da expedição: Edmund Hillary e Tenzing Norgay. Eles partiram para a glória ou para o caos. Era mais prudente desistir. Mas um projeto saturava a emoção deles. Se os seus projetos não saturarem a sua emoção, você não terá perseverança para executá-los.

O corpo esfriava e a alma tremia com medo de avalanches à medida que avançavam. Os pulmões estavam ofegantes. De repente, fatigados, chegaram a mais um topo. Seus olhos brilharam. Então descobriram que haviam chegado ao topo do mundo. Quando desceram, o mundo ficou sabendo da extraordinária conquista.

Todos ambicionam chegar ao topo
de alguma coisa. Uns querem
chegar ao topo da fama; outros, da
eficiência profissional, da hierarquia
acadêmica, do poder financeiro.
Outros, mais sábios, almejam atingir
o topo da qualidade de vida, o auge
do sentido da vida, os patamares
mais altos da tranquilidade.

Você quis chegar ao topo da vida.

A conquista do Everest por Hillary e Norgay foi um momento inesquecível. Mas, tenha convicção, você foi o maior alpinista do mundo. Naquela época sua capacidade de lutar era imensurável. Você era pequeníssimo, mas ousado. Hoje você é grande, mas se sente pequeno. Por quê? Porque as barreiras o assustam e, às vezes, o paralisam.

Lembre-se de que, comparando o tamanho do espermatozoide com as montanhas que teve que escalar dentro do útero de sua mãe para fecundar o óvulo, você escalou centenas de Everests. Nada podia detê-lo. Quando temos um grande sonho, nenhum obstáculo é grande demais para ser superado.

Todavia, é possível que, hoje, você veja seus obstáculos e tenha se tornado um especialista em reclamar e não em agradecer. Por isso, não consegue deixar de falar da crise financeira, das pessoas que o machucam e das frustrações da vida. Talvez você gaste energia excessiva com as críticas que recebe e com as coisas que lhe prejudicam o encanto pela vida.

Desperte!

Vamos continuar a ver as suas peripécias para fecundar o óvulo e se tornar um ser humano. Conhecer os perigos enormes que você correu e as façanhas que realizou para estar vivo hoje é fazer um laboratório de autoestima. Você sabia que, no começo da vida, você foi não apenas o maior alpinista da história, mas também o maior nadador do mundo?

Você nadou sem barco de apoio, bússola ou outra tecnologia para fecundar o óvulo. E, além disso, tinha de atingir um ponto minúsculo sem ter o mapa do alvo. Imagine sair a nado da Europa até os Estados Unidos e atingir um alvo pequeno como um ovo de Páscoa. Sua pontaria foi incrível! Você bateu todos os recordes imagináveis de nado livre.

Você deveria estar nas páginas
do livro dos recordes. Por isso,
nunca diga que você não realizou
nada de extraordinário. Se você
se distraísse, perderia a disputa.
Se desistisse, morreria. Seu
destino era vencer. No início você
era apenas uma célula. Mas, em
seguida, ela se dividiu e, em poucos
dias, desdobrou-se em milhões.

Na lógica da vida, dividir é aumentar.
Dividir as conquistas multiplica
a felicidade. Siga sempre a lógica
da vida. Você foi tecido de modo
assombrosamente maravilhoso no
ventre de sua mãe. Nem todos os
computadores do mundo unidos são tão
complexos como você. A ciência é uma
criança para explicar o espetáculo da
vida que pulsa em seu ser.

Nunca despreze a vida.

Você cresceu no útero materno e foi envolvido numa bolsa de líquido amniótico. Era uma deliciosa piscina. Nela, movia-se sem parar. Virou mais de quinhentas cambalhotas e chutou sua mãe mais de mil vezes por dia. Você era muito travesso, mas sua mãe o achava lindo. Você foi o maior chutador e o maior malabarista do mundo.

Mas o útero era um mundo pequeno demais para as suas aspirações. Então você se encaixou no colo uterino e esperou cada minuto até que alguém abrisse a porta. Se pudesse, gritaria: "Me deem passagem!" Você era decidido. Já havia vencido a grande corrida da vida, agora mostrava uma coragem arrebatadora para entrar no jogo social.

Hoje você procura lugares calmos e sem tumulto; naquela época, ninguém o seguraria na barriga de sua mãe. Queria dar a cara ao mundo. De repente... Incrível! Abriram a porta. Você nasceu! Todavia, espere! O mundo começou a desabar sobre você. Aspiraram seu nariz, amassaram você, a luz agrediu seus olhos. Você suspirou: "Que sufoco!"

Só lhe restava abrir a boca e berrar! Todos diziam: "Que choro lindo!" Mal sabiam que você estava expressando: "Devolvam-me para onde eu estava!" O choro o aliviou. Chorar é a primeira coisa que aprendemos no mundo e é a primeira que represamos. Não tenha medo de chorar. Os grandes homens também choram...

Nos primeiros meses, você não sabia falar uma palavra, mas todos queriam falar com você. Mas, quando aprendeu a falar e precisava que alguém o ouvisse, quase todos se calaram. Sem o diálogo, nossas histórias não se cruzam, ficamos ilhados em nossas emoções. Mas, infelizmente, o diálogo é uma ferramenta que está morrendo nas sociedades modernas. Que mundo estranho!

De fato, este mundo é incompreensível. Quando as crianças nascem, elas são especiais, o centro do mundo, mas pouco a pouco muitos adultos as deixam na periferia de suas vidas. Os beijos e as carícias evaporam-se. Os pais trabalham para o futuro dos filhos, querem lhes dar o mundo, mas não têm tempo para dar a si mesmos.

Eles precisam ter uma alma de criança para penetrar no mundo das crianças.

Ao nascer, a memória de uma criança parece uma esponja: absorve tudo, arquiva inúmeras experiências. Foi assim que aconteceu com você. Nos computadores, o registro das informações depende de um comando. Na memória humana, ele é automático e involuntário, produzido pelo fenômeno RAM (Registro Automático da Memória). O fenômeno RAM se tornou o artesão de sua inteligência.

Diariamente, milhares de pensamentos e emoções foram registrados. As experiências com grande volume emocional foram arquivadas de maneira privilegiada. Desse modo, o medo, o carinho, a rejeição, a correção, o apoio foram tecendo a colcha de retalhos de sua memória consciente e inconsciente. Cuidar do que você arquiva é acarinhar a sua vida. Você sabe cuidar de si mesmo?

Múltiplos fenômenos foram
lendo sua memória e produzindo
milhares de pensamentos diários
que foram registrados novamente,
num ciclo contínuo. E você, sem
perceber e sem ninguém lhe
ensinar, aprendeu a entrar na sua
memória e, em meio a bilhões
de opções, resgatar os verbos, os
substantivos, os adjetivos e produzir
as cadeias de pensamentos. Sua
mente é insondável, mas talvez você
nem perceba.

Sem saber o endereço de uma
pessoa, é possível encontrá-la
em São Paulo ou em Nova York.
Talvez demore anos para achá-la.
Mas como você encontra, em uma
fração de segundo, as informações
na "grande cidade da memória"
sem saber endereços? E como as
organiza para produzir milhares
de ideias? Sua inteligência é um
mistério. Encante-se com ela.
Jamais duvide que você possui
uma biografia espetacular.

Depois de arquivar milhões de
pensamentos na sua memória,
surgiu algo ainda mais fantástico:
a consciência. Milhões de livros
não são suficientes para explicá-la.
Através dela descobrimos que
temos um "eu" e que somos um
ser exclusivo no teatro da vida.
Através dela construímos as
relações sociais, amamos, sentimos
falta das pessoas e procuramos
romper nossa bolha de solidão.

A personalidade foi, assim, confeccionada de maneira multifocal e bela. Se você é negativista, inseguro, corajoso, sonhador, isso se deve à história escrita em sua memória. Você interpreta o mundo pelas janelas da sua história. Ela contém milhares de arquivos com bilhões de informações. Você não pode deletar a sua memória, nem as experiências dolorosas nem as prazerosas. Ela só pode ser reescrita. Como?

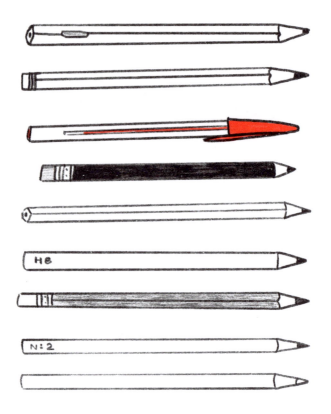

Aplique a técnica DCD (duvide, critique e determine). Duvide de tudo aquilo que controla sua emoção e conspira contra sua vida. Critique cada pensamento negativo. Critique a passividade do "eu". Critique seu conformismo e reflita sobre as causas de seus conflitos. Determine ser alegre, seguro, feliz. Dê um choque de lucidez em sua emoção, arquive novas experiências!

Seja autor e não vítima de sua história.

O homem é líder do mundo em que está, mas não é líder de seu mundo psicológico. A técnica DCD deve ser praticada diariamente, com emoção e realidade, durante pelo menos seis meses. Ela contribui para reeditar o filme do seu inconsciente.

Você não pode apagar o filme de sua vida, mas pode reeditá-lo. Não há milagre para mudar a personalidade, mas é possível treinar a emoção para ser feliz.

Ao longo da formação da personalidade, nos tornamos seres que pensam e que podem mudar a nossa história, privilégio indizível da espécie humana. Somos uma espécie inteligente num universo desconhecido. Só não se encanta com a vida quem está sufocado por preocupações, atolado com suas atividades e não consegue ver além da cortina das suas dificuldades.

Cada ser humano possui um mundo único no palco de sua alma e seu espírito. Descubra-o.

Reis e súditos, miseráveis e
abastados são igualmente ímpares.
Antes de sermos negros, brancos,
árabes, judeus, americanos, somos
uma única espécie. Quem almeja ver
dias felizes precisa aprender a amar
a sua espécie tanto quanto o seu
grupo social.

Se você amar profundamente
a espécie humana, estará
contribuindo para provocar a
maior revolução social da história.
Estamos perdendo o instinto
de espécie. Temos culturas e
habilidades distintas, mas somos
iguais no funcionamento da mente.
Até as crianças com deficiência
mental são tão complexas quanto
os intelectuais. A diferença está
apenas na reserva da memória.

Por isso, toda discriminação
é insana e inumana. Nunca se
diminua nem se considere superior
a alguém. Estenda as mãos, a partir
de hoje, para as pessoas que pensam
diferente de você. Você também
comete erros e nem sempre é
fácil suportá-los. Seja um sábio,
reconheça seus erros e não se
esconda atrás da sua rigidez e de
seus julgamentos.

Há dois tipos de sabedoria: a inferior e a superior. A sabedoria inferior é dada por quanto uma pessoa sabe e a superior, por quanto ela tem consciência de que não sabe.

Tenha a sabedoria superior. Seja um eterno aprendiz na escola da vida. A sabedoria superior tolera, a inferior julga; a superior alivia, a inferior culpa; a superior perdoa, a inferior condena.

Sem o perdão, o monstro do passado eclodirá em seu presente e controlará seu futuro.

Qual é a melhor forma de enfrentar um inimigo? É perdoá-lo.

A palavra-chave para perdoá-lo não é tentar perdoá-lo, mas compreendê-lo. Ao compreendê-lo, você o perdoa. Se o perdoa, ele morre dentro de você e renasce de outra forma. Caso contrário, seu inimigo dormirá com você...

Se alguém lhe bloquear a porta, não gaste energia com o confronto, procure as janelas. Lembre-se da sabedoria da água: "A água nunca discute com seus obstáculos, ela os contorna."

Quando alguém o ofender ou frustrar, "você" é a água e a pessoa que o feriu é o obstáculo! Contorne-o sem discutir. Aprenda a amar sem esperar muito dos outros.

Proteja sua emoção. Filtre as agressividades e as incompreensões geradas pelos que o rodeiam. A emoção é a parte mais frágil da alma humana e, paradoxalmente, é a que mais tem proteção.

Se você permitir, uma crítica o destruirá. Mas, se você se proteger, um milhão de ofensas não o afetarão. Não faça de sua emoção uma lata de lixo social.

Não gravite em torno dos seus insucessos. É impossível evitar algumas derrotas. Quando for derrotado, saiba que não existe o fundo do poço para a inteligência humana; há sempre uma saída que você não enxerga. Aprenda a caminhar pelas vielas do seu ser para encontrá-la. Nosso mundo está dentro de uma casca de noz. Rompa-a e veja as oportunidades pulsando lá fora. Areje sua emoção.

Todavia, se você estiver desanimado, zerado de autoestima, frustrado com tudo e com todos os que o cercam, gostaria que soubesse de mais uma façanha vivida por você no maior concurso do mundo, a mais poética de todas.

Você sabia que viveu o maior romance da história?

Quando? Espere um pouco,
deixe-me falar sobre Shakespeare.

O grande dramaturgo e poeta
inglês William Shakespeare
destilava emoção em seus textos.
Ele passeava pela alma humana
enquanto escrevia. Ele escreveu
o drama de Romeu e Julieta, um
fascinante par romântico que foi
impedido de se amar. O amor entre
esses jovens retrata o mundo belo
e inexplicável da emoção.

Talvez Shakespeare tenha baseado seu famoso drama em um casal de jovens de Verona, na Itália. Lá existe a Casa de Julieta, aberta à visitação pública. Milhares de turistas vão anualmente a esse ardente cenário romântico. Mulheres japonesas, americanas, alemãs, brasileiras posam para fotos na sacada. Todo mundo quer viver um grande romance.

Você já viveu um grande romance na vida? Nunca diga que não! Você viveu o maior romance do planeta e foi correspondido. Seu romance era genético, instintivo e incontrolável. Nem Hollywood filmou um romance tão dramático como o seu. Quando? Você era o Romeu-espermatozoide, profundamente solitário e apaixonado pela Julieta-óvulo.

Um mundo de obstáculos havia entre você e sua amada. Contudo, a vida só teria sentido se você a encontrasse e se unisse a ela. Só assim você seria um ser completo. Você cometeu loucuras de amor para viver esse romance. Nunca alguém foi tão apaixonado pela vida como você.

Nunca alguém teve uma autoestima tão sólida.

Quando você encontrou sua Julieta, ainda não tinha uma inteligência, apenas a memória genética. Mas, se conseguisse pensar, talvez dissesse a ela: "Fui pisoteado, pressionado e esmagado. Escalei montes altíssimos, nadei oceanos, corri enormes perigos para encontrá-la. De hoje em diante, eu e você seremos um. Jamais desistirei da vida, a amarei para sempre!"

O tempo passou e hoje é provável
que você não seja tão apaixonado
pela vida. As dificuldades surgiram,
a fadiga bateu-lhe à porta, o medo
roubou-lhe a paz e a ansiedade
assaltou-lhe a alegria. Suas
atividades sociais, contas bancárias
e tensões profissionais entulharam
sua emoção. Seus sorrisos já não são
tão espontâneos nem tão frequentes.

Talvez você esteja tão ocupado que nem ache tempo para dialogar consigo mesmo. É provável que cuide de todo mundo, mas tenha se esquecido de você. Talvez seja bom fazer um "stop introspectivo": pare e repense seriamente o que você tem feito com sua vida.

Será que você não se autoabandonou?

Você faz faxina em seu escritório, em sua bolsa, em sua casa, mas não faz uma faxina em tudo o que perturba a sua alma. Você não desliga sua mente, não gerencia seus pensamentos e vive fazendo o velório antes do morto. O que significa isso? Significa sofrer por antecipação, viver problemas que ainda não ocorreram e que talvez nem ocorram.

A vida já tem suas complicações e, como sua mente está continuamente agitada, você a complica ainda mais. Se esse for seu caso, você tem a mais comum e moderna síndrome psíquica: a síndrome SPA (síndrome do pensamento acelerado). Quando pesquisei essa síndrome, descobri que ela nem sempre representa uma doença psíquica, mas que é um estilo doentio de vida.

Como está seu estilo de vida?

As características dessa síndrome
são: pensamento acelerado, fadiga
excessiva, irritação, déficit de
concentração, déficit de memória,
insatisfação, humor flutuante, etc.

Muitos cientistas não percebem, mas
o ritmo de construção do pensamento
do homem moderno acelerou-se
de um século para cá. As causas?
Excesso de informações, estímulos,
estresse e preocupações sociais.

Como você não gerencia nem aquieta seus pensamentos, seu cérebro começa a protegê-lo. Como? Desligando-o. Sua memória fica péssima. E você e alguns médicos desinformados começam a achar que você está tendo alterações cerebrais. Na realidade, nosso cérebro tem mais juízo do que nós mesmos. Ele fecha as janelas da memória para pensarmos menos e gastarmos menos energia.

Será que, por causa da síndrome SPA, você não envelheceu no único lugar em que não é permitido envelhecer, no território da emoção? Será que você não se aprisionou no único lugar em que deveria ser livre, no palco de sua mente?

Se estiver se sentindo velho e aprisionado, não desanime, pois o destino não é um fato inevitável, mas uma questão de escolha. Opte por libertar-se do cárcere da emoção.

Quanto pior for a qualidade da educação, mais relevante será o papel da psiquiatria no terceiro milênio. No mundo todo, a educação passa pelo caos. O reflexo disso é grave: nunca tivemos uma indústria do lazer tão diversificada, com atrações como a TV, o esporte, parques de diversões, a internet, mas o homem nunca foi tão triste e sujeito a tantas doenças emocionais.

Entretanto, jamais diga: "O que estou fazendo neste mundo maluco? Não pedi para nascer!" Não é verdade. Você "optou" por nascer. Você não foi fruto passivo do seu pai e da sua mãe. Você "implorou" para nascer, lutou para nascer, batalhou para ter o direito à vida. A vida lhe pertence, você decidiu geneticamente por ela. Agora, precisa decidir intelectualmente por ela.

Nunca desista da vida!

Você não foi clonado. Você conquistou a maior disputa da história. Você correu todos os riscos do mundo para estar vivo. Isso faz uma diferença enorme. Você poderia ter sido um derrotado, mas venceu o mais arriscado concurso do universo.

Lembre-se sempre de que, no início da sua história, você era fragilíssimo e solitário, mas foi um gigante. Agora você adquiriu uma fantástica inteligência e enormes habilidades e, além disso, existem pessoas que o amam e que são amadas por você. Portanto, mais do que nunca, você tem todos os motivos para superar suas barreiras e vencer suas dores emocionais. O medo da dor as aumenta. Enfrente-as!

Entretanto, se por qualquer motivo sentir que o mundo está desabando sobre você e que a carga dos seus problemas está insuportável, gostaria que refletisse sobre o que teria acontecido se você tivesse perdido a grande corrida pela vida. Pense! Por um lado, você estaria livre de todas as suas dificuldades. Não entraria em desespero, não choraria, não ficaria frustrado.

Mas, por outro lado, estaria banido para sempre das páginas da vida. Ninguém sentiria sua falta, pois você não existiria. Não teria um amigo para dialogar, pais para amar, filhos para beijar, pessoas complicadas para lhe dar lições de vida. Não teria ouvidos para apreciar uma música nem olhos para observar as flores. Outra pessoa estaria lendo este livro.

Diante disso, só lhe resta fazer uma coisa: amar a vida e ter coragem para vivê-la, mesmo que em alguns momentos você esteja cansado e transtornado. Nunca se esqueça de que o maior carrasco do homem é o próprio homem. Ninguém pode ferir mais você do que você mesmo.

A vida é bela e delicada. Cuide carinhosamente dela.

Se você é uma criança, não queira crescer rapidamente. Se quiser ser um adulto feliz, você precisa ser uma criança feliz. Se quiser ser feliz, desligue um pouco a TV e aprenda a brincar, sorrir, correr e viver intensas emoções. A vida adulta é muito séria e tem muitas ansiedades, por isso aproveite o tempo da ingenuidade. Curta seus amigos, role no tapete com seus pais, beije-os, toque-os.

Se você é um adolescente, não viva numa crise crônica de insatisfação. Honre sua inteligência, aprenda a fazer muito do pouco e a amar aquilo que tem. Dê mais valor ao conteúdo do que à embalagem e não fique colocando defeitos em seu corpo. Rebele-se contra o padrão de beleza expresso pela mídia. Seja feliz do jeito que você é. A beleza está nos olhos de quem a vê...

Se você é um adulto, não aja por instinto como agiu no começo da vida. Aprenda a expor e não impor as suas ideias. Treine ser eficiente, lúcido e trabalhar em equipe. Mas não viva para trabalhar – trabalhe para viver. Faça coisas fora da sua agenda que promovam seu prazer de viver e sua tranquilidade. Que adianta você ser o mais rico do cemitério?

Se você é uma pessoa idosa, deixe a sabedoria vestir a sua inteligência. Não tenha medo do fim da existência. A vida é apenas uma gota na perspectiva da eternidade. Viva cada minuto como um momento inesquecível. Não deixe o medo ser seu mestre. O medo é um péssimo matemático. Ele sempre aumenta e distorce a realidade. Aposente-se de seu trabalho, mas não aposente sua inteligência.

Temos que aproveitar as oportunidades que a vida nos oferece.

Precisamos encontrar os oásis em nossos desertos. Os perdedores veem os raios. Os vencedores veem a chuva e com ela a oportunidade de cultivar. Os perdedores paralisam-se diante das perdas e dos fracassos. Os vencedores veem uma oportunidade para começar tudo de novo.

Por isso desejo que você seja um grande empreendedor. E, quando empreender, não tenha medo de cometer falhas. E, quando cometê-las, não tenha medo de reconhecê-las. E, quando reconhecê-las, não tenha medo de chorar. E, quando chorar, não tenha medo de reavaliar a sua vida. E, quando reavaliá-la, não se esqueça de dar sempre uma nova chance a si mesmo.

Você nasceu vencedor. Hoje, vencer não é não cometer erros e falhas, mas reconhecer nossos limites e corrigir nossas rotas. Vencer é não desistir. Espero que você se lembre sempre de que este livro relata uma parte preciosa da sua biografia, silenciosa, mas real. Quando foi dada a largada da grande corrida da vida e o relógio do tempo começou a contar a sua existência, você brilhou.

Brilhou tanto que merecia o Oscar, o Nobel e todos os prêmios do mundo que promovem a criatividade, a competência e a perseverança. Mas tudo isso era pouco para premiá-lo. Então entrou em cena um ser especial, o Autor da existência, Deus, do qual ouvimos muito falar e que conhecemos tão pouco. Ele observou sua capacidade de lutar.

E, por fim, o
premiou com
o maior de todos
os prêmios:
o milagre
da vida.

Só a VIDA poderia ser o prêmio do maior alpinista da história, do maior nadador do mundo, do maior teimoso da Terra e daquele que viveu o maior romance de todos os tempos.

Você é uma pessoa forte e especial.
Superar um câncer, uma crise
emocional, uma crise financeira, um
transtorno profissional, um conflito
de relacionamento é uma tarefa
fácil comparada às turbulências
que enfrentou para conquistar a
vida que pulsa dentro de você.
Nunca se autoabandone nem jamais
desista das pessoas que o rodeiam,
por mais que elas, ocasionalmente,
o decepcionem!

Não importa a idade que você tem nem mesmo se é uma pessoa famosa ou vive no anonimato. Também não importa se você está passando por uma derrota ou está no auge do sucesso. Nem mesmo importa se, em algumas situações, você fica angustiado, tenso, desesperado e tenha que admitir que não estava certo.

O que importa é que você
conquistou o direito de ser
um ser humano consciente,
inteligente e livre. O que importa
é que sua vida é mais importante
do que todo o dinheiro do mundo
e mais valiosa do que todos os
aplausos das multidões.

O que importa é que, apesar de todos os obstáculos, sua vida é mais bela e complexa do que todas as estrelas do céu. Ela é o maior espetáculo do mundo, a obra-prima do Criador.

E por ter uma biografia tão magnífica, desejo que você continue lutando pelos seus sonhos, se apaixonando cada vez mais pela vida, amando intensamente os seus íntimos, conquistando novos amigos e sendo uma pessoa de grande utilidade para a sociedade.

Traga sempre em sua memória que, ainda que você enfrente filas no banco, no trânsito, no supermercado, você não é mais uma conta bancária nem um número de identidade ou de cartão de crédito.

Ainda que você tenha vários defeitos, cometa alguns erros e, em alguns momentos, seja derrotado pela ansiedade, não há outra pessoa igual a você no palco da vida.

Se você não existisse, o universo não seria o mesmo.

Diante disso, que seja inesquecível que para o Autor da vida, para muitas pessoas que o conhecem e para mim, que escrevi parte de sua biografia neste livro, você não é mais uma pessoa na multidão.

Todos nós consideramos você...

um ser humano insubstituível.

Sobre o autor

Augusto Cury é psiquiatra, cientista, pesquisador e escritor. Publicado em mais de 70 países, já vendeu, só no Brasil, mais de 30 milhões de exemplares de seus livros, sendo considerado o autor brasileiro mais lido na atualidade.

Entre seus sucessos estão *Armadilhas da mente*; *O futuro da humanidade*; *O código da inteligência*; *Pais brilhantes, professores fascinantes*; *Nunca desista de seus sonhos*; *O homem mais inteligente da história*; *O homem mais feliz da história* e *O maior líder da história*.

Cury é autor da Teoria da Inteligência Multifocal, que trata do complexo processo de construção de pensamentos, dos papéis da memória e da construção do Eu.

Também é autor do Escola da Inteligência,
o primeiro programa mundial de gestão
da emoção para crianças e adolescentes
e o maior programa de educação
socioemocional da atualidade, com mais
de 400 mil alunos.

Entre em contato com o autor:
contato@augustocury.com.br
escoladainteligencia.com.br

Acompanhe o autor pelo Facebook:
facebook.com/augustocuryautor

Conheça outros títulos de Augusto Cury:

Ficção

Coleção O homem mais inteligente da história
O homem mais inteligente da história
O homem mais feliz da história
O maior líder da história

O futuro da humanidade
A ditadura da beleza e a revolução das mulheres
Armadilhas da mente

Não ficção

Coleção Análise da inteligência de Cristo
O Mestre dos Mestres
O Mestre da Sensibilidade
O Mestre da Vida
O Mestre do Amor
O Mestre Inesquecível

Nunca desista de seus sonhos
O código da inteligência
Os segredos do Pai-Nosso
A sabedoria nossa de cada dia
Revolucione sua qualidade de vida
Pais brilhantes, professores fascinantes
Dez leis para ser feliz
Seja líder de si mesmo

sextante.com.br